20 世纪中国图书馆学文库·7

图书馆学概论

杜定友 著

國 國家圖書館出版社

本书初版于 1927 年,据商务印书馆 1935 年版排印

目　　次

第一章 图书馆的意义

图书馆是一个文化机关,利用书籍以发扬文化,是现代新进事业之一。从前的图书馆虽是历史上早有记载,但只是一种附属的机关,从没有独立的性质。近数十年来,因为图书馆的事业,日渐发达,它在社会上占的位置,也日渐重要,于是地方上才有独立的图书馆。有一定的任务,一定的处理方法。办理图书馆的人,也渐知从事研究。把一切图书馆的原理和方法,组织起来,便成为图书馆专门科学。

图书馆的设立,有三大要素:(一)要能够积极的保存。(二)要有科学的方法,以处理之。(三)要能够活用图书馆,以增进人民的智识和修养。图书馆能够办到这三件事,方能称为完善。图书馆的任务,可以从文化学术和社会三方面说。

第一节　图书馆与文化

（一）文化不过是一个时代的思想和建设的总称。我们要考求一时代的文化，最重要的来源，就是图书。图书馆是保存图书的唯一机关，所以间接就是保存文化的机关。

（二）只是保存图书，也没有多大的用处。所以图书馆一方面要保存文化一方面要发扬文化。传布图书，使一地方的文化，可以普及各处。一时代的文化，永留世间。图书馆除流通图书之外，还有各种推广事业，可以补助文化之普及。

（三）现在的新旧文化，东西文化，都有抵触不同的地方。图书馆保存和流通各国各时代的图书，可以增高人民的思想，扩大人民的眼界。因此可以调和文化。

（四）图书馆书籍的选择和其他方法，又可以增高人民的智识，促进学术的发展，提高文化的程度。

第二节　图书馆与学术

（一）学者研究学术，首赖图书。但个人设备，必感不足。有图书馆，然后可以博览群书，参考引证。所以图书馆不啻是学者的养成所。

（二）学术的发扬,全靠图书的流通。图书馆的书籍,无处不到。学术也同时普及。

（三）图书馆与教育,有密切的关系。可以补助学校,家庭,和社会教育之不足。使一般因年龄,时间,和经济关系,不能求学的人,可以继续求学。

第三节　图书馆与社会

（一）图书馆是国民修养的中心点。可以训练国民的德性。吾人读书,即受古今学者的潜化。于个人德性和修养,极有补助。且图书馆是公共机关,阅者可以享受共同生活。

（二）图书馆是国民游乐的中心点。到图书馆读书的人,不必一定专求学术。平时浏览图籍,也是一种最高尚的消遣方法。

（三）图书馆是普及教育的中心点。因为到图书馆的人,无老无幼,无贵无贱,都一体欢迎的,毫无歧视。比较任何教育方法,都来得普及。凡年少失学的人,都可以继续他们的教育。凡工商各界,可以利用图书,以增进他们实际的智识和经验。

第二章　图书馆的略史

图书馆的进化,约略可以分三个时期:(一)保守时期;(二)被动时期;(三)自动时期。各国的图书馆,进化不同。大约东方的图书馆,还在第一第二时期之间。欧洲的图书馆,还在第二时期。美国的图书馆,在第二第三时期之间。略述如下:

第一节　保守时期的图书馆

保守图书,是人类生活中很自然的事。因为文字之兴,原是要保存思想和学术。所以世界上有了文字书契,就有保存的观念。我国的图书,远肇周代。老子为柱下史,保管三皇五帝之书,是为图书馆的鼻祖。但是在周代以前,也早有了藏书之举,不过没有载诸典籍罢了。秦始皇焚书坑儒,虽说民间书籍,散失不少,但是秦纪和史官所藏,并没有烧去。所以汉高祖中兴,使陈农收秦图籍,数目也不少。同时广开献书之路,建兰台石室,蔚为大观。其后唐有集贤院，宋有崇文院。元、明内府，藏书甚富。此外民间藏书，也不亚于国家。清乾隆，集四库，建七阁。到清末叶，方有图书馆的建设。但是不过藏书楼的变相罢了。

日本的图书馆的历史，比较简短。自明治以后，有红叶山文库，浅草文库。后来在东京上野公园，成立帝国图书馆。现在日本的图书馆很发达了，差不多全国各县各乡，都有图书馆的设立。

欧美图书馆，以巴比仑为最古。以希腊亚立山大之图书馆为最大。此外寺院学校，都有图书馆的设立。中古时代，学术文化，不绝如缕。各国图书馆因连年兵灾，散失不少。自文艺复兴，印刷昌明时代，图书也逐渐增进。美、法、德、奥各国，都有国立大规模的图书馆，藏书在数十万册以上。

在这时期的图书馆，只是保存，不能活用。间有学者入内参观，也是罕有的事。当时无所谓图书馆管理法。但是对于保存的方法，很是讲究。至于图书的分类，目录的编纂，无非备检查点核之用。我国自七略别录，以至四库总目，除考查之用外，都不算在图书馆上有什么重大的贡献。总之此时期的图书馆，只重保守。一切的方法，都以此为归宿。

第二节　被动时期的图书馆

我国自入民国以来,各省有图书馆的设立。欧美在四五十年以前,也是同一现象。各国人知道专藏死书,是没有用的。于是提倡流通。因为流通便利起见,所以管理上便发生许多问题。什么分类呀,编目呀,出纳呀,参考呀,都要研究讨论。图书馆渐渐成为一种学术。各处也知道图书馆的用途,于文化教育,有莫大关系。所以各处设立图书馆,有公立,有私立,有学校图书馆种种。现在我国大小图书馆,计有五百余所。日本有二千余所。欧洲各国,都有数千所。美国大小图书馆,约在一万以上。图书馆的发达,蓬蓬勃勃。藏书的丰富,最多的如英国的大英博物院,法国的国民图书馆,美国的国会图书馆,都在三四百万册以上。不过在这时的图书馆,是居于被动的时期。一切图书管理法,都是要解决如何可以适应阅者的需求。想种种方法,使图书馆的书籍,可以公诸于世。所以这时候的图书馆,以公开流通两件事为目标。

第三节　自动时期的图书馆

到了近数年,美国人发现图书馆是一个自动的教育机关。图书馆的书籍设备,非但要公开流通,使阅者便于阅览,而且要积极的去教育他们,指导他们。凡是不会看书的,教他们看书。不知道选择好书的,代他们选择。年少失学的,继续他们的教育。从此图书馆在社会上,才真有独立的性质。与学校教育,社会教育,并驾齐驱。都向着提高文化的路上走! 这种图书馆教育的方法,现在美国方从事研究,从事实验。其他各国图书馆,因为第二时期,还未过了。对于一切内部的管理方法,还没有相当解决,所以未能向外发展。但是前途无限! 图书馆对于人类的贡献,将来一定很大呢!

第三章　图书馆的种类

　　图书馆学既成为专门科学,图书馆既成为独立的文化事业;因此,便向各方面发展,以求事业的普及。从前我们以图书馆附于学校或教育机关,是不对的。要知图书馆事业,也和教育事业一样。教育有大学教育,小学教育,中学教育,社会教育,家庭教育……等等。图书馆也有国立图书馆,市立图书馆,学校图书馆,社会图书馆……等等。不过图书馆和教育,是时时相提并论的,所以往往就附属于教育之下。有了这种谬误的见解,所以学校的图书馆,只是一个附属机关,不承认它有专门独立的位置。因此于管理经济和管理人才,都没有相当的支配。譬如现在工厂里,向有许多附设学校的。但是我们不能说教育是属于工业之下。明白这个道理,就可知图书馆的地位和教育的关系了。

　　图书馆因为向各方面发展,所以种类很多。从前图书馆学者,很多以经费或公开与不公开为分类标准。但是这是很不自然的。经费,是属于各馆内部的事。公开

8

与不公开,现在已不成问题了。因为现在的图书馆,没有不公开的。不过手续上资格上,或者因各馆关系,略有不同罢了。

现在把各种图书馆,列表如后。至于它们的任务和管理组织方法,在第三十至三十八章内详论。

一、地方图书馆

(一)国立(二)省立(三)府立(四)县立(五)市立(六)乡立(七)村立

二、通俗图书馆

(一)独立的(二)附属于社会通俗教育机关的

三、学校图书馆

(一)小学(二)中学(三)学级文库(四)大学

四、专门图书馆

(一)医学(二)法律(三)商业(四)工业(五)……

五、儿童图书馆

(一)独立的(二)附设于地方图书馆的

六、个人图书馆

(一)个人私立之图书馆(二)专藏个人作品之图书馆

七、纪念图书馆

(一)纪念某时代的历史的(二)纪念某人的(三)纪念某事的

八、特殊图书馆

(一)病院(二)盲哑(三)残废(四)军营(五)水上

九、机关图书馆

（一）附属于各机关之专门图书馆（二）附属之普通图书馆

十、流通图书馆

（一）巡回文库（二）学级文库（三）专出借而不在馆内阅览的（四）邮寄出纳的

第四章　图书馆的组织

图书馆的组织,可以分三方面讲:

第一节　行政上的组织

全国的事业,在政府中有统一的机关。有如教育,财政,外交各部。地方上也有教育局,卫生局,实业厅等。现在各国的图书馆界,可是还没有全国的行政组织。美国的教育局内,虽是有图书馆一部,但是势力并不及全国。这是因为美国是联邦制度,比较我国不同。至于他们各州各府,大概都有图书馆的组织。但是美国的行政制度,各州各府不同,所以图书馆行政的组织,也不大一致。有三种办法:(一)是在市内或州内,设立图书馆董事会,管理全州全府的图书馆事业。他们关于教育的,有教育董事会。所以图书馆和教育,是并立的。图书馆董事,或由市长或州长委派,或由市民公举,各处不同。(二)是将图书馆事业,附托于教育董事会。但是各有各的预算,各有各的法规。所以办事人虽一,而实际上仍是独立的。(三)是附属于教育董事会的。一切经费管理,都归该会预算权力之内。这种办法,和我国省立图书馆隶属于教育厅,市立图书馆附属于教育局一样。但是他们的教育厅,教育局内,都有专门人才负责。这是和我国大不同的地方。我国的行政,关于图书馆事业在教育厅内,有专负专责的。这三种组织,当然以第一第二种为最好。但是在我国,若能照第三种办法,教育厅教育局内,能有专员办理,已算好了。

第二节　图书馆制的组织

外国的图书馆制,和教育的学制,有同一意义。学校,有大中小学专门补习等制度。图书馆,也有总馆分馆的制度。比较起来,还是图书馆制来得有系统。现在各国对于图书馆制,试行的还少。大都是各地方各图书馆各自独立不相统系的。美国各大城市,近来才有图书馆制的实现。每州或每府,设有一个总馆。然后由总馆设立无数分馆。分馆有附属于学校的,工厂的,病院的。但是行政,管理,馆员的任用,都由总馆主持。比如附属于学校内的,学校供给馆舍水电等等,总馆供给书籍和馆员等,经费也有由总馆开支或互相分担的,但是主权还在总馆。现在美国分馆最多的,当推纽约和圣路易士图书馆。

他们每馆有二三百分馆之多,馆员五六百人,所以这种组织,和学制不相上下。实际上,一个大学,至多不过附设几个中学几个小学,总没有图书馆总馆附得多。一地方的小学中学,虽多归教育机关主管,但是互相不统属的。这样看来,图书馆制比学制还来得周密。图书馆总馆差不多兼有大学和教育厅的任务。

第三节　各馆的组织

各馆因范围经费的不同,所以组织也不同。大都公共图书馆由地方设立的,是隶属于图书馆董事会之下,或教育机关之下。学校设立的,有的是组织委员会,有的直接隶属于校长,有的属于教务部或庶务部。公共图书馆最好有董事会的组织。学校和其他附设图书馆,也最好有委员会的组织。不过这种董事会,只负财政经费和物产保管督促馆务,荐任馆员的任务。学校委员会,可以辅助图书的选择。此外专门的设施,内部的布置,馆员的支配,都是馆长的事。委员会不得干涉。这一层,是很重要的。因为图书馆是专门的学术,应由专门人办理。否则办事扼腕,成效必鲜。馆内的分部,也各馆不同。最大规模的,分为数十部。但是各馆可以酌量情形,自行酌定。现在列一系统表,以资参考。

（一）主管机关

（二）委员会或董事会

（三）馆长

（四）副馆长

（五）秘书

（六）各部主任

　（一）总务部

　　甲、文牍股

　　乙、会计股

　　丙、庶务股

　　丁、卫生股

　　戊、设备股

　（二）选择部

　（三）购订部

　（四）登记部

　（五）编目部

　（六）典藏部

　（七）修钉部

　（八）出版部

　　甲、编辑股

　　乙、印刷股

　　丙、发行股

　（九）流通部

　　甲、出纳处

乙、交换股

丙、互借股

（十）阅览部

（十一）参考部

（十二）研究部

（十三）剪裁部

（十四）图表部

（十五）展览部

（十六）推广部

（十七）博物部

（十八）纪念部

（十九）美术部

（二十）新闻杂志部

第五章　图书馆的经费

图书馆在表面上看来,是一个很糜费的机关。因此有人便把图书馆当作文化上的奢侈品或装饰品看待。其实,无论什么机关,若是经费支用得不得当,便无一不是糜费的。何独图书馆呢? 所以图书馆的经济,也是一个很重要的问题。偶一不慎,便有流弊。现在略分三节来说。

第一节　来源

图书馆经费的来源,大别为三种:

(一)政府支拨　公立图书馆经费,大都由政府支拨,列入国家预算,或地方行政费,教育厅预算项下。学校图书馆,则列归学校预算内支拨。

(二)地方筹款　由本地方教育团体总商会等筹拨,不列入地方行政费项下的。美国各州各县有图书馆税则的规定。这虽是归于政府办理,但仍是地方上直接筹拨的。

（三）私人捐助　这种捐助，以开办费或每年购书费为最多。图书馆很少专靠私人捐助维持的。但是在政府经费不足的时候，最好筹大宗基金维持。以政府经费，作为扩充费用，那末可免政局的影响。

第二节　支配

图书馆经费使用得得当与否，全视支配的方法如何为断。最要紧的，要有规定的预算。使各部分有相当的维持与发展全部预算，可分为三大项：

（一）薪俸　无论任何机关，薪俸一项，定占数多。但是有许多机关，薪俸一项，竟占百分之九十以上，这是不对的。在图书馆方面，薪俸至多占百分之五十。以其他一半，为维持发展之用。

（二）购书费　这是图书馆必需的开支，约占百分之三十。其中购订杂志装钉书籍，也包括在内。有了这固定的购书费，然后书籍可以增多，馆务可以发达。

（三）维持费　其余一切设备开销，约占百分之二十。

以上是经常费的预算，不过是大约分配，以求普遍。各馆仍须审度各方情形，自行规定。至于开办费的预算，却很难定了。大约最要注意的，是建筑书籍和设备。这三件都是一样重要的。大约以百分之六十为建筑费，百分之三十为书籍费,百分之十为设备费。但是也要斟酌地方情形来定的。其中书籍一项,最为人所忽视。其实馆舍是为了书籍而建筑的,若是现在没有书,就根本没有建筑的必要。这一层,下节再详论。

第三节　簿记

图书馆的簿记,是和商店的簿记一样的重要。所有各项账目,都要依着预算上的节目列下。购书费,还要分列各科,以资比较。各种单据,都要照会计手续办理。所有支出款项,都要经馆长签字为凭。

每月有报告,每年有报告。年结之后,应交会计师或委员会审查,然后正式公布,以实行财政公开。

第六章　图书馆的建筑

图书馆建筑,现在已成为建筑学上专门一科。因为地方,经费,和篇幅的关系,这里不能详论。但是有几点,是我们应该特别注意的。

第一节　计划

(一)图书馆馆舍,是专门的建筑物。应由图书馆专家会同建筑家,详细计划,不可贸然从事。

(二)对于地面,经费,材料,品质等,应有精密的计算。

(三)图书馆是因为有所需要而建筑的。若是没有图书,没有阅者,而先行建筑,这是最不经济的方法。

(四)图书馆在未计划建筑之前,应先聘定有图书馆专门学识和经验的人,担任馆长,计划和指导一切。

(五)没有充分的经费,勿先冒险从事。

第二节　建筑物

（一）图书馆建筑，应先求实用，和适应该馆的特别需求。

（二）建筑地点，要注意阅书人的便利，和卫生上的条件。

（三）各种阅览室藏书室等，务求适合图书馆学上的标准尺寸和计算公式。

（四）馆内馆外，均须有扩充的余地。

（五）馆内馆外的形质，务求朴实，美观，并有以表示图书馆的精神和特点。

（六）对于水火潮湿寒热，应有积极的防御和调和的方法。

（七）内容装饰，要求审美的，艺术的，但实用的。

第三节　布置

（一）各室的布置，应顾到阅书人的便利，和办事上的联络。

（二）室内的布置，有应合于研究之用的，有应带有家庭的意味的，有应赖以维持秩序的，都要斟酌配置。

（三）各种装饰用具和设备,如挂图屏架等的式样颜色,务求安适悦目,以简单雅洁为妙。

（四）室内的光线空气和温度,要有调剂的方法和相当的设备。

（五）书架办公桌目录箱等,以铜铁制造者为上乘。

第七章　图书馆的行政

图书馆行政,分地方行政,与馆务行政两种。

第一节　地方行政

地方行政,属于地方上之图书馆行政机关。如图书馆董事会,图书馆委员会,教育董事会,教育厅,图书馆科,教育局图书馆课等。办理以下各件:

(一)鼓吹图书馆事业,发行印刷品及组织会社等。

(二)创立新图书馆,筹备经费及规划建筑等。

(三)辅助各图书馆之进行与改良,如经费之维持与增加,和管理法之介绍与研究等。

(四)督察各图书馆之进行,与考量各馆成绩。

(五)提高图书馆事业的标准和能率。

(六)谋各图书馆的互相联络与交换书籍刊物等。

(七)推广图书馆事业范围,以求普及于各地方各学校各机关各团体。

第二节　馆务行政

馆务行政,由馆长主持。办理以下各种事务:

(一)关于全馆馆舍物品之保管,与点核事项。

(二)关于经费之收支、支配、簿记、点核事项。

(三)关于各职员之任免、支配、督察事项。

(四)关于各种规则之编订、施行事项。

(五)关于往来文件之签发事项。

(六)关于对外交际及接洽事项。

(七)关于统计报告事项。

(八)关于办理方针,推广计划事项。

第八章　图书馆的馆员

图书馆是专门的职业,凡服务于图书馆界的,也应有特殊的资格和兴味。现分述如下。

第一节　品性和习惯

(一)图书馆事务,千条万绪。办理图书馆的人,第一要头脑清楚,办事敏捷。贵有条理,有秩序。处理各种事务,要有一定的方法和顺序。

(二)第二要沈静细心。对于各种事务,要巨细不遗。如点查书籍,分类编目等,尤须审慎处理。

(三)耐久恒心,也是图书馆馆员必要的德性。因为图书馆是继续的事业。服务的人,要终身于其事,方有成效。不可存五日京兆的心思。但是逼于环境,不得不离去的,也要审慎将事。

(四)图书馆是为社会服务的机关。办理图书馆的人,便是社会的公仆。所以对待阅览人,要像店伙待主顾一样。要存心忠厚,和蔼可亲。

（五）对于自己所办的事,要有继续研究的兴味。服务图书馆的人,个个都应有点学者态度。每日至少有一定时间,研究学问。

第二节　学识和经验

（一）学识和经验,因职务而不同,但是凡从事于图书馆事业的人,无论何种何级,至少要有中学毕业以上的程度。

（二）公共图书馆的馆长,当有县署省署科长的程度。学校图书馆馆长,应有教务长的程度。

（三）图书馆馆员除具普通中学或大学程度之外,还要有图书馆学专门学识和经验。

（四）没有图书馆学识的,应在最短时间内,补习图书馆科学和继续研究。

（五）从事图书馆的人,至少要订阅图书馆杂志一种,每月应读图书馆学书籍一册以上。

（六）办理图书馆最要有诚意。

第三节　待遇和职位

（一）图书馆员的待遇，如薪俸地位养恤等等，在学校应和教员或高等职员一样。在公立图书馆，应与省县署科长科员一样待遇。

（二）每年薪俸，要有相当的增加，以维持生活。每数年，应有例假，以资休养。

（三）职位要持久。非不得已，不可随时更动，否则两方面俱受损失。服务图书馆的人，非但要终身于图书馆界，而且要终身于一馆。因为在馆服务有年之后，对于一切书籍和阅览人，好像知己朋友一样，是不忍遽离的。

以上各件，在中国情形，相差还是很远。但是我们不可不努力，向这标准上做去。

第九章 图书馆的设备

图书馆的设备用具,式样繁多。这里不及详载。而且各件因需要上,地位上,和经济上的关系,尤不能逐一说明。各国都有图书馆用品专门的制造厂和商店。最好请他们代为计划。现在把关于设备上的通则,写在下面:

第一节 式样和尺寸

(一)现代图书馆各种设备用具,大都经专家研究,规定标准和尺寸,可以采用。

(二)馆内各种设备,要全盘计划。对于经济上,有相当的支配。对于格式上,要切合实用。对于布置上,要求相称。

(三)书架格板,高低要能自由升降。每架最高不得过七尺。

(四)阅书架,不必一定用长方形。但每只最多不过坐六人。

（五）文件箱,目录箱等,要取用单位制,随时可以添减。

（六）借书台,要有专门的设备,以装置借书卡和出纳书籍。

（七）灯光日光的配置,应合阅览上的卫生。

（八）藏书丰富的图书馆,应用堆架制,以节省地位。堆架宜用铁制。

（九）设备宜求简朴实用。

第二节　质料和颜色

（一）所有馆内各种设备的质料,颜色,要互相和合相称。

（二）书架目录箱文件箱保库等,宜用铁制。

（三）木料宜用上等硬木,体轻而美观,且不至燥裂者。

（四）颜色宜用淡黄,橡木色,或淡墨绿橄榄木色。

（五）物件不宜太重笨或太轻薄。椅桌脚底宜装橡皮钉,以免移动声响。

第三节　必备的用具

　　(一)阅书桌(二)椅(三)书架(四)杂志架(五)新闻架(六)办公桌(七)文件箱(八)目录箱(九)借书台(十)布告牌(十一)帽伞架(十二)照片架(十三)书架标目插(十四)图书竖立器(十五)排卡盘(十六)小册子盒(十七)文件夹(十八)各种卡片(十九)各种装钉用具(二十)各种印件(二十一)各种文具(二十二)各种清洁用具

第十章　图书馆的规则

办事贵有规则。图书馆是公共有组织的机关,所以规则的订定,尤为重要。图书馆的规则,种类很多;而且规则的订定,要因时,因地,制宜。所以这里不能逐一详论,现在且把各项规则的主旨和内容,略为说说,以供参考。

第一节　主旨

(一)规则重在精神,不在形式。规则多而不能遵守,其弊甚于无规则。

(二)规则的词句,宜简断精要。令人一看就明白,毫无疑义。

(三)规则的内容,要为事实上可能办到的。如虚事铺张,反而有失信用。

(四)规则应注意特别事项。一切例行习惯,为通常人所知道的,如"不许吐痰","不许高声"等,不必列入。

（五）定规则的时候,要顾念着守规则人的人格。宁用激发自省语,勿用强迫压制语。

（六）规则对外要谦和,对内要严谨。办事人要以身作则。他们的人格和习惯,是最有效力的规则。

第二节　馆务规则

（一）规定全馆组织法及组织手续。

（二）规定各部分各职员职务,及办事手续。

（三）规定办公时刻,休假日期。

（四）规定告假、轮值日期,及手续。

（五）规定执务统计及报告方法。

（六）规定职员勤惰、奖励、惩戒办法。

（七）规定各种会议之组织及方法。

（八）规定馆员互助及各馆联络协作诸原则。

第三节　阅览规则

（一）规定阅览时刻及日期。

（二）规定阅览和借书诸手续。

（三）规定借书部数及期限。

（四）规定延期不还,及损坏遗失之惩戒方法。

（五）规定书籍可以随时收回诸条件。

第四节　其他规则

（一）关于捐款赠书诸规则。

（二）关于寄存书籍诸规则。

（三）关于各馆互借交换诸规则。

（四）关于推广事业诸规则。

（五）关于董事会或委员会诸规则。

（六）关于地方行政之图书馆法则。

第十一章　图书馆的统计

　　统计是各机关办事上必要的工具。图书馆对于各项统计,尤须特别注意。一则以自瞻进退。一则以资比较。各项统计,每月每年,例须公布。而且要把它作为研究资料,以规划进行方针。否则有了统计,而不知利用,也是徒然的。统计的方式和种类,各馆不同。各馆应就下列各项中指定几种。然后永远继续下去,切勿半途而废。这也是行政上一件很重要的事。兹将各项统计名称列下,以便选择。

第一节　书的统计

　　(一)本馆现有书数
　　(一)购买的书
　　(二)赠送的书
　　(三)寄存的书
　　(四)损失的书

第二节　人的统计

（四）历年比较表

（二）借书的人数

细目同上

（三）馆员人数

    （一）年龄

    （二）性别

    （三）资格

    （四）经验

    （五）品级

    （六）职务

（四）当地人口数

    （一）人口与书数

    （二）人口与借书数

    （三）人口与借者数

    （四）人口与经费

第三节　物的统计

（一）建筑物

    （一）价值

    （二）面积

    （三）房间数

（二）设备

（一）用具

（二）消耗品

第四节　　事的统计

（一）文件

　　（一）函件的收发

　　（二）出版品的发行

　　（三）广告宣传事务

（二）书籍

　　（一）登记选购数目

　　（二）分类编目数目

　　（三）装钉修理数目

　　（四）交换互借数目

　　（五）参考答案数目

　　（六）书目索引数目

（三）馆务

　　（一）开馆日数

　　（二）经费

　　　　甲、预算决算

　　　　乙、经费支配表

　　　　丙、经费比较表

　　（三）与其他图书馆之各种比较

第十二章　图书馆的报告

　　图书馆馆长是对于公众负责的,所以每年办理馆务的经过情形,应有详细报告,奉呈主管机关审阅。报告的内容,务求翔实。对于"现在",有确切的见解。对于"将来",有一贯的计划。文字务求显达,使一般人可以明白。数目要反覆对核,以免遗误。最好加印图画照片,使内容更加明了。报告的编制,大约分为三部。

第一节　概况

　　叙述一年来的概况。如书籍,出纳,新建,事业,馆务进行,及重要之捐款赠书等等。对于已往的史,亦可略为追述,以资比较。各种状况,最好由各部自行纪录,然后汇交馆长,综合修正。

第二节　建议

既述一年来之概况之后,应知已往事务之繁简进退,然后根据事实,规定将来的计划,和下年度应办事项。如经费增减的预算,办事方法的改良,馆员职务的支配和进退,馆务推广的范围等等应逐一建议,以备主管机关采纳施行。

第三节　附表

报告之后,应附以各种图表,如下:

(一)各种统计表

(二)各种比较表

(三)捐款或赠书人名表

(四)重要图籍表

(五)建筑物图表

(六)各种照片

(七)杂志一览表

(八)职员一览表

(九)其他

第十三章　图书馆的宣传

图书馆也和商店一样,要利用广告宣传的方法。不过商店的广告,志在谋利。图书馆的目的,在求图书馆有充分的使用。因为图书馆是公共的机关,由公费维持,应当使公众有利用的机会。所以图书馆广告的内容,不是讲些什么"价廉物美",而重在引起公众对于图书馆的注意。因而利用之。在使公众明了图书馆的内容与方法,以便自助助人。而且图书馆有什么新事业新发展,如新的书等等,都应该随时使公众知道。图书馆的状况和成绩,也应随时报告,俾众明了。这都是图书馆应尽的责任。但是徒事吹嘘,不务实际,或为个人沽名钓誉之举,那当然是不对的。图书馆广告的法很多,在图书馆学中,已成为专门一科,与新闻学,颇有关系。现在略列数种于后,以便各馆采择。

第一节　布告

（一）馆内

（一）于适当地点，挂贴小牌子或布告等。

（二）另以书架陈列新书或特选的书。

（二）馆外

（一）印发传单，详述图书馆的内容与方法。

（二）利用贺年片信封信笺明信片等。

（三）在戏院或影戏院里加插广告。

（四）在路上悬挂小牌子，报告图书馆地点和引起利用图书馆的话。

（五）用巡游的方法

第二节　登报

（一）登告白在新闻杂志，说明图书馆的内容，地点，开馆时刻日期，借阅手续等。

（二）撰述新闻，报告图书馆情形，和讨论图书馆利用方法，读书方法。

第三节　印刷

（一）期刊　发行图书馆杂志。

（二）书目　编印各科书目,介绍书籍,以指导阅览及供学者的参考。

（三）小册子　详论图书馆的利用方法和益处,或讨论图书馆学问题。

第四节　展览

（一）图书馆展览　展览图书馆用书用具,及办理方法,使公众明了图书馆的内容。

（二）图书展览　展览各种善本或各科特选书籍,以供各界参考。

第五节　演讲

（一）馆长的演讲

　（一）在馆内对阅者的演讲。

　（二）在学校或其他会所的演讲。

（二）名人的演讲　在馆内随时请名人演讲并介绍阅

览书籍。

（三）开恳亲会，游艺会等，以引起阅者的兴味和联络感情。

第十四章　图书馆的推广事业

图书馆不单是藏书阅览的地方,上面已经说过。现在图书馆的事业,日渐发达。图书馆的势力范围,也日渐扩充。骎骎乎与学校制度,并驾齐驱。成为社会上独立的机关。它的势力和影响,非但达到青年学子,而且达到全社会上的人民。无老无幼,无贫无贱,无贤愚不肖,都可以受着图书馆的教育。这种事业,何等博大! 现在把图书馆的推广事业,分两方面说。

第一节　馆所的推广

(一)分馆　在人口较多,而离总馆太远的地方,设立分馆。馆内书籍与总馆互通,办法一致,所以各处的居民,都享有同等的利益。

(二)附馆　在各学校,各机关,各会所等,若果没有图书馆的设备的,由总馆代为设备。已有设备的,由总馆辅助其进行。互通书籍和管理人才,指示方法,或补贴经费。

（三）图书寄留所　在人口较少，不便设立分馆之处，则借学校或商店或家庭为寄留所。每星期或月寄留书籍一箱，以应该地方人士的享用。该书等随时更换。

（四）图书出纳处　在各地委托专员，代为收发书籍。故各处居民，可以随处交还或告借书籍。在路远者，不必亲自到总馆或分馆借阅。

（五）巡回文库　用汽车或人力，送运书籍至各地，供人阅览借用。

第二节　馆务的推广

（一）参考　设参考部，辅助阅者参考书籍。代为解决难题，及介绍参考书。

（二）流通　鼓励书籍的借出。凡地方人士，非但可以到馆借书，而且将书籍送去选择。

（三）选购　代阅者选择和购订书籍。

（四）搜集　代阅者搜集研究材料，如新闻杂志剪裁，和书目索引的编纂，事物的考据等。

（五）展览　举行图画，美术，书籍，博物，各国历史制造，各种图书馆设备等展览，以引起阅者兴味，而供学者研究。

（六）演讲　见前。

（七）游艺　举行各种游艺会,并在馆内辟儿童游戏室,棋弈室等等。

（八）研究　组织各科研究会,各种读书会,以提倡学术,养成读书习惯。并在馆内设研究室,集会所等等。

（九）印刷　见前。

（十）会议　与其他教育机关,社会机关,行政机关,联合会议及协作。并出席各种学术会议,以期地方上文化的改进,谋人民的幸福。

第十五章　图书馆教育

图书馆是社会事业,属于专门科学之一。因为要养成办理这种事业的人才,所以要有图书馆教育的方法。这种教育,有广义与狭义之分。从广义方面说,图书馆教育,是人人所当受的。因为图书馆事业,和其他社会事业,教育事业,和各方面的人民,都有关系。比如医学,是社会事业,专门科学之一。但是社会上的人,个个都应有点医学常识。这种常识,就是广义的医学教育,在图书馆学上,也是一样。人人都应该有图书馆常识。有了这种常识,方才可以研究学术,继续自己的教育。至于狭义的图书馆教育,就是养成图书馆专门人才,以办理专门的事业。图书馆教育的内容和办法如下。

第一节　内容

图书馆学是专门研究人类学问的纪载底产生,保存,和应用的。其内容包括以下各种:

（子）产生（一）原料　　如纸张笔墨用品机器等

　　　　　　（二）手续　　如编著译述印刷校订等

　　　　　　（三）分布　　如发行销售推广交换等

（丑）保存（一）建筑　　如馆舍设备等

　　　　　　（二）选择　　如图书选择管理法之选择等

　　　　　　（三）秩序　　如分类编目等

（寅）应用（一）在方法与形式方面

　　　　　　　　甲、机械的　　如用品表格等

　　　　　　　　乙、智理的　　如书目索引等

　　　　　　（二）在用者方面

　　　　　　　　甲、普通的　　如学生成人的借阅等

　　　　　　　　乙、特殊的　　如专门图书馆的组织等

　　　　　　（三）在服务方面

　　　　　　　　甲、消遣的　　如阅览小说图画游记等

　　　　　　　　乙、教育的　　如继续学校平民教育等

　　　　　　　　丙、参考的　　如研究学术等

　　　　　　　　丁、文化的　　如普及教育等

第二节　方法

（一）广义的（适用于一般人民的）

　（一）演讲图书馆内容和利用的方法

　（二）印刷品如小册子报告单等以指导人民利用图

书馆

（三）举行展览及游艺会等以引起人民之注意

（四）学科　在普通学校课程中加授图书馆学一科以指导学生用书

（二）狭义的（适用于养成图书馆专门人才）

（一）讲习所　养成通俗或小学图书馆人才

（二）实习班　辅助现任馆员

（三）师范科　养成教员兼图书馆馆员

（四）专门科　养成实用图书馆人才

（五）大学科　养成专门图书馆人才

（六）研究科　养成图书馆学师资及领袖人才

第十六章　图书的选择

现代各国的出版物,汗牛充栋。而各图书馆又限于经济,所以选择时,偶一不慎,非特虚耗金钱,而且贻害阅者。因为图书馆内的书籍,一方面要适应阅者的需求,一方面以提高阅者的学术,放大阅者的眼光为目的。图书馆内的书,无论购买或捐赠,都要合于以下各条标准。否则应毅然拒之。

第一节　标准

(一)选择图书,乃为阅者而选择。所以处处当从阅者的程度和需要上着想。

(二)所选的图书,要能够增加阅者的愉快,学识,和向真,向善,向美心为目的。

(三)所选的图书,它的购费,要与其效果相等。价钱不必一定要廉,内容却一定要好。

(四)要能尽图书馆的责任。所选的图书,对于文化方面,要有保存,宣传,调和,和提高四种作用。

（五）所购的书,要适合于各个图书馆的性质,和社会环境。

（六）力免购备重复的书籍。附近的图书馆若有同样的书,可以设法借用。

（七）同一地方的图书馆,至好各就一门或数门科学,专事搜罗。

（八）图书的体裁,文笔,印刷,版本,装钉,插图等都要注意,择其善者。

（九）选择图书,各科要有一定的分配,以免顾此失彼,挂一漏万。

（十）脱离主义的观念,与党派的色彩。

（十一）多购新出版的书籍。对于科学书,尤宜注意。勿多购善本古本之无实用者。

（十二）不合用的图书,或从来没有人过问的图书,若无永久价值的,应随时撤去,以免多占书架地位及多费手续。

第二节　方法

（一）将原书审阅一过,然后比较上列标准。合则留,不合则去。

（二）组织图书审查会。请专门学者或各科教员,介绍和选择。

（三）请专门学者批评和介绍（不限于审查会员）。

（四）根据专门学者及各图书馆各机关所选定的书目。

（五）根据学界或出版界出版的书评和提要。

（六）选定后，用一定格式的介绍卡。每书一纸，以便汇集各卡，分别购订。

第十七章　图书的购订

图书选择之后，即宜着手购订。但在购订之前，应有几个先决的问题，不可不注意：

第一节　先决问题

（一）汇集各介绍卡，逐一查明价格。然后总计曾否超出预算，及适合于各科分配标准否？

（二）因经济和需要的关系，应分别缓急。何者先买？何者从缓？

（三）根据书籍之种类和价格，拟定何者应向出版处购订？何者可在旧书店或代售处购买？

（四）指定购书次数。每年一次或两次。此外每月留出款项若干，随时添购新出或临时需用之书籍。

（五）指定购买的地方，或直接向各出版处购办，或转托售书处代订。

（六）未购之前，应向各书坊要求一定的折扣或廉价优待办法。

第二节　手续

（一）将各介绍卡，依出版处或代售处分别排列。

（二）照抄定单二份。一份寄出，一份存查。

（三）定单须经馆长或主管机关负责人员签字后，方可发出。

（四）定单上须注明著者，书名，本数，日期，出版处，及购订人姓名地址。

（五）介绍单内，应注明购订日期及地方，以便介绍人查询。

第十八章　图书的收受

图书收到之后,应该经过相当的核对手续。若是有什么不对的地方,当即退回掉换或撤消。若是贸然收受,将来发现了不满意的地方,就来不及了。

第一节　核对

(一)将书籍照发票上,逐一点过,看有遗漏错误否?

(二)将书籍和定单比对,分别注明已到未到的书。

(三)检查书内有缺少的,破坏的,倒装的,损污的地方没有?

(四)调查各书的定价,和实价是否符合正确?

(五)各项都查明白了,然后在回单上和定单上签字,分别交回。

第二节　盖章

图书经上项核对手续后,乃可作为图书馆的所有物。即当加盖图书馆图章,以资识别。盖章的方法,也有一定,不可遗误。

(一)图书馆的图章,最好用无色凸起的硬印。

(二)书中最重要或最显著的部分,均须加印馆章。

(三)书中应有一种暗记,以便盖章的地方脱落或模糊的时候,可以识别。

(四)图画表格上,也应有图章。

第十九章　图书的登记

图书既经核对之后,即须登记。手续和商店的进货簿一样。图书的登记,有以下各种用途:

第一节　用途

(一)历史的关系　由登记簿上,可以见各书进馆的先后,来源,和价值,极便检查。

(二)书籍的数目　由登记簿上,可知某月某日,馆内有多少书籍?

(三)图书的价值　由登记簿内,可知各书的实价。若将各书价格相加,便是图书馆内所有的书籍的价值,可以作为保水火险的根据。

第二节　格式

图书馆登记有两种格式：

（一）账簿式　用印就之空白书本，每书一行，每页若干行，将著者书名等逐一登记。

（二）卡片式　用卡片。每卡一书，可以便于抽插。功用与账簿式同，且较便利。

第三节　手续

（一）在登记簿或卡上，填写收到或登记日期。

（二）每书每册，依次给予一个号数。把这个号数，写在簿上，和书皮背面的角上。

（三）详细登载著者，书名，页数，册数，出版次，出版处，出版期，装钉，格式，和大小，实价，或估价，和来源。注明此书为某某赠送，或寄存。又注明本书之特点，如缺页，改装，改编，注消等情。

（四）凡赠送之书，应依照赠者姓名，另簿登记，以备查考。

（五）杂志周刊，另用杂志登记卡，每期登记。

（六）杂志周刊，俟汇装成册之后，方可登记。

（七）新闻日报,可不必登记。

（八）书籍遗失后或取消后,应在登记簿内注明。

第二十章　图书的分类

图书分类法,是图书馆学中最专门最繁琐的手续。这里不能详细地叙述,只能将分类学的大意,略述如下:

第一节　宗旨

(一)将同类的书籍,聚在一处,以便检查。

(二)将各类书籍,列成一个系统。各类有相当的位置与顺序。

(三)各类应有一种标记,如字母或号码等,以便按类按号排列。

(四)分类法可以表示各科学术的范围,及彼此的关系,以便阅者"即类求书,即书究学"。

(五)各科各门,要排列均匀,便于记忆。且有活动伸缩的余地,以便新书新类,可以随时加入。

第二节　分类标准

各图书馆的分类,以指定一种分类表为标准。以后每书按表分列门类,依次排列。这种分类表已出版的,不下数十百种。现在略举如下:

(一)外国分类表之最通行的:

一、杜威十分分类法

二、卡脱氏开展分类法

三、布郎氏种类分类法

四、拔罗士万国分类法

五、美国国会图书馆分类法

(二)中国分类表之最通行的:

一、王云五《中外图书统一分类法》

二、沈祖荣《仿杜威书目十分法》

三、杜定友《世界图书分类法》

四、查修《杜威十分法补编》

五、桂质柏译《杜威十分分类法》

第三节　方法

（一）参看书名，序言，节目，正文，及其他图书目录，以指定门类。

（二）指定门类之时，应注意该书之内容及应用。

（三）一书二类的，入最前，最多，最重要的一类。

（四）普通丛书，入丛书类。但各科丛书，入各科之普通类。

（五）丛书得析开作为单行本看待。

（六）指定门类后，在分类表中，择相当的标记。是为分类号码，亦曰类码。

（七）择定类码之后，给以书号。或以收到为次序，或以著者姓名为次。

（八）将类码与书号（合称书码）写在书面的背面，和书脊上，然后编目插架。

第二十一章　图书的编目

　　图书馆的书库,是一个宝库。分类法,就是一把锁。它可以维持书籍在库内的位置。目录就是图书馆的钥匙。没有钥匙,便不能得着库内的宝贝。目录的用处和格式手续,如下:

第一节　用途

　　目录的用途,在回答以下各个问题:

　　(一)馆中有某书吗?

　　(二)馆中有某人所编著的某书吗?

　　(三)馆中有某人的各种著作品吗?

　　(四)馆中有关于某科某事的书吗?

　　(五)某书在什么地方?

　　(六)馆中有关于某事的书目和传记吗?

　　(七)某类的书,有那几种参考科目?

第二节　种类

目录的种类,不下二十余种之多。大概最普通的,有以下各种:

(一)著者目录,以著者姓名为主。

(二)书名目录,以书名字画为主。

(三)种类目录,以种类名称为主。

(四)以以上三种混合,依字典顺序排列,便是字典式目录。

(五)分类目录,依分类表号次排列。

第三节　格式

目录有书本式,卡片式,活页式三种。现在最流行的,是卡片式,其理由如下:

(一)可以合时宜　今天添了一本书,目录上就可以添插一卡。

(二)可以便抽插　如有添改或增删,可以将卡片抽出调换,不必拿动或涂抹全部。

(三)容易排列　各种卡片,可以用一定的次序排列。即有增减,亦不动原有次序。

（四）经济耐久　卡片目录，不必付印。经费手续，两均省便。

第四节　排列法

目录排列，除分类目录依照类码排列外，其余各种著者书名种类等卡，都要有一定的排列方法，以便检查。这种排列的方法很多，大约有以下各种：

（一）西文　依照字母顺序排列。

（二）日文　依照假名片假名排列。

（三）中文　多不一致，大约有以下各种：

　　（一）四角检字法　以一个字的四只角的笔画，每种笔画，给以一个号数。然后依号排列。

　　（二）母笔法　以汉字的笔画，分为若干种，排成一定的次序，然后依着笔顺，比较其先后为序。

　　（三）部首法　依《康熙字典》的排列法。

　　（四）汉字排字法　先依笔画的数目多少为序，同笔画的，再依永字八法的次序，依笔顺为序。

上四种方法，现在尚无定准。大家正从事研究。而其中以汉字排字法为最折衷最简易的方法。

第五节　规则

编目法有一定的规则。西文方面,已订定的有五六百条之多。专论编目方法的书,也有十余种。中文方面,还没有一定。但是各种图书馆学书,都有纪载,兹从略。

第六节　书目学

与目录学最有关系的科学,就是书目学。它的范围,从广义说,可以成为专门科学之一,与图书馆学和其他一切科学,可以并立。从狭义说,只是目录学的一部分。在图书馆学的习惯上论,书目学是图书馆学的一部分,与目录学分类学等并立。

书目学有以下各种:

(一)版目的书目,即版目学,或版本学。专研各书的印刷,版本,纸张,格式,装钉,和出版年代,出版次数等等。

(二)校雠的书目,即校雠学,或校勘学。专研各书的内容,字句,章节,篇幅的正确与否,并考察证明其正误的地方,旁及出版年代,及著作的人物。

(三)历史的书目,即艺文学。专研各时代的出版著作品和其特点。考据其存佚和流传贮藏的地方,并论历代的学术。

（四)学术的书目,实即中国向来所称之目录学。专研"辨章学术,考镜源流"。

（五)著者的书目,即著者学。专研各著作品之著者姓名,年代,学问,职位,及真伪问题。旁及翻译者,传注者等等。

（六)各科的书目。特选各科应用书目,以供各界的阅览,或学者的参考。

（七)各国的书目。专研各国的出版物。

（八)出版界的书目。专事汇齐各出版处的书目,及作种种之研究。

第二十二章 图书的排列

    图书的排列,差不多是图书馆管理法中第一件事。因为我们拿到了许多书籍,自然先要把它陈列起来,以便检查。但是排列之前,第一要有一个一定的方法或标准,方才可以着手。在现代的图书馆管理法中,排列的手续,总是在分类编目之后。但是从前的藏书楼,却把这排列的手续,放在分类编目之前。因为这个缘故,所以书籍的排列,往往和编目分类,不生关系。竟可以目录归目录,藏书归藏书,两不相干。因为这一点,所以中国的目录学者,往往把分类学,目录学,书目学,混为一谈。分类的标记,也认为无足轻重的事。我国数千年来,图书馆学的毫无进步,都是这个错处。现在图书馆管理法,是把排列的手续,放在分类编目之后的。这一点,可以见古今图书馆的不同了。至于图书排列的方法,大别有两种制度。

第一节　固定制

固定制是把馆内书籍,放在指定的地位。无论馆中书籍的多少,增减的次数,而它的位置,是绝对不移动的。固定制有以下各种:

(一)以大小分列　不按门类,只按大小。依书籍的尺寸,分为大小几类,分藏各架。这样,可以省地位。

(二)以装钉分列　按各书装钉格式,分为洋装,本装,布面,纸面等等。不分门类。这样,可以壮观瞻。

(三)以箱架分列　以书架分为几部分。每部分装一类或数类。比如"经部"在第一架,"史部"在第二架等等。但是无论书籍的增减若何,第一架总是"经部",第二架总是"史部",绝对不能移动的。这样,可以便检查。

以上三制,都是主观的,固定的。看书的人,既然没有看过这一部书,怎知道这书是什么大小? 什么装钉? 怎知道第一架是"经",第二架是"史"? 而且假使第一架经书已装满了,因为第二架已定为史部,那末后来的经书,只得另外排列。把经部的书,分散数处,岂云便利? 所幸这种固定制度,现在已经绝无仅有,不必多论。

第二节　活动制

活动制度是以各书按门类为排列的唯一标准的。各书有相对的位置,而无绝对的固定所在,可以伸缩自由,便于检查。

(一)半活动制　每书按分类号码,依次排列。同属一类的,再依收进的次序而排列。这样各类之间,可以同时添减。而同类之中,则第一部与第二部,已有固定的次序。而在第一与第二部之间,不能有所增减。故称半活动制。这种办法,颇能适用于小规模的图书馆,因为法至简便。

(二)全活动制　每书依类码排列。同类的,依照著者号码(中文由笔画依次编成一种号码,西文依字母次序编排)排列。那末同类的书,其中的次序,也是相对的。第一部与第二部之间,也可以随时依次添插。使同类的书籍当中,有一个客观的次序。所以检查极便,为大图书馆所不可不用。

以上二制,是不受地方上的限制的。每书有一个单独的号码。号码的次序,就是它在占的地位。无论放在那里,它都有相当的位置。所以偶然图书室搬移或增减书架,都不发生影响。不必将书上的号码,或目录卡上的标记,有所涂改。这种方法,是最好的。

第二十三章　图书的典藏

　　图书的典藏，也是图书馆管理法中，一件很重要的事。因为图书馆的第一个责任，就是保存图书。保存的方法，一方面应在建筑设备上着想，如空气光线温度潮湿和房屋书架用具的构造和材料，都有关系。一方面在图书的用途上着想，如翻动摺角涂抹改注宰割等等。一方面在手续上着想如出纳手续之宜缜密，排列次序之宜正确，点核查察之宜勤慎等等。这都是管理法内部的事，属于专门的手续技术，这里不能详述。且论关于典藏的两种趋向：

第一节　闭架式

　　闭架式是把所有的书籍，另列一室，名曰"藏书室"，或"书库"。室内除馆员或特许的人物外，一概不准入内。这样限制的原因，一是为保存防窃起见，一是免扰乱秩序起见。于大图书馆内，不得不行此制。因为书籍太多了，排列的方法非常之复杂,外人不易寻获。而且地方太大,招呼不便。或其中多珍贵秘本,偶一不慎,所费不资。但是对于特许的人员或学者,是不在此限的。

第二节　开架式

开架式是近来图书馆的一种新趋向。主张图书馆的"藏书室"全部公开,任人浏览。理由是:(一)因为看书的人,虽然有了目录,可以选择所要的书;但是对于书籍的内容,究难断定,不如直接翻阅的好。(二)有许多阅者,没有一定目的的。若是一定要他在目录上寻一部书,大有无从下手的困苦。(三)能够在书架上自由取阅,可以增加阅者无限乐趣,引起读书的兴味。(四)有许多书,他们翻了一翻,便不要了。若是必经借书手续,于馆员阅者两不方便。

以上不过略举几种理由。对于小图书馆,尤为切要。所以现在欧美的小图书馆,都以开架式为原则。除一部分贵重书籍,或为阅者所不当阅的书之外,大都是完全公开的。至于大图书馆,因为书数和地方上的关系,虽然不能全部公开,但是至少有一部分是公开的。

阅览室内的参考书,普通用书,消遣用书,和杂志报纸等,大都是公开的。所以数年前一般人对于开架式,非常怀疑,辨难四起。现在已公认开架式的实在利益了。

现在美国几乎没有一处图书馆,不是用开架式的。不过范围有大小,书数种类有多少的不同罢了。

第二十四章　图书的点查

图书的点查,原是图书典藏中一部分的事。我们要保存,当然时时要去点查,以免遗失。但是点查的目的,决不只此。兹将各种点查方法列后:

第一节　方法

(一)关于书数的点查　只点书籍的数目,是否与登记号数相符?

(二)关于书本的点查　依照书架目录,按书逐本点查。看各书书名著者是否相符,有无缺少?

(三)关于用书的点查　由期限表或书卡上,点查各书的借用或阅览次数,以求各书在实用上的价值,和研究阅者的兴味。

(四)关于借书的点查　点查借书卡片,看有过期未还或遗失报失等情否?

(五)关于书页的点查　各书收还后,点查其内容页数有无损污或缺少否?

(六)关于目录的点查　点查现有目录,是否与各书相符,各种目录是否完全?

以上各种,有的是随时点查的,有的是每年或每月点查一次的,依各馆情形而定。

第二节　废除点查的倾向

点查图书,原是很重要,而必不可少的。怎样会有废除的倾向呢? 原来现在的图书馆,规模日大,藏书日多。藏书数目,动以数百万计。别说一年一次,即五年一次,也点不胜点。而且现在各馆的出纳方法,非常周密。只要依着手续去办,决不至遗失的。即使有失,也可以在出纳卡上,立刻查察出来。不必在书架上,逐本去点。至于图书馆馆员,大都是终身于一馆的,爱护图书,惟恐不周。虽说良莠不齐,但是因为办法周到,防之未然,所以也没有失窃的行为。因此种种关系,所以觉得点查书籍,是可以免的。所以有这种倾向。不过这只是行于大规模,办法完善的图书馆。至于小图书馆,点查一次,也没有什么费事。还是点查的好。开架式的图书馆,则无论大小,都应该点查。这却不能相提并论。

第二十五章　图书的流通

图书馆不是专门藏书的。图书馆的书,要能流通,供人阅览。这种口号,已经很普遍了。但是据实际的调查,大都各图书馆只能办到在馆内供人阅览。至于在馆外流通的,还是少得很呢。不知"流通"二字,范围很大。现在分三方面说:

第一节　出纳

现代的图书馆,大都以书籍借出馆外为原则。其不许借出的,已成例外。因为非如是,不足以尽图书馆之用。馆内的阅览,只能供人无目的的阅览和参考之用。若是真真的读书,那能在几点钟之内,读完一本书呢? 要知图书馆的目的,是要养成一般人的读书习惯,以继续求学。若是书籍不许借出馆外,于阅者必感不便。对于他的阅书兴味,必有妨碍。有负图书馆设立的初衷。至于借出馆外,易于遗失一层,自然是在所不免的事。不过我们也决不可因噎废食。现在的图书馆，非但对于借书出外，不加限制，而且极端鼓励他们借出。因为阅者往返不便，乃多设分馆和图书寄留处，使人民无论何时何地，都可以还书借书。一方面尽量的求他们的便利，一方面养成他们的公德心，责任心，自尊心。那末遗失的事情，自可减少。至于出纳手续的简便而缜密，藏书的丰富而足用，规则的宽限而活动，对于流通方面，都有直接的影响。所以现代图书馆书籍能否借出，已不成问题。不过方法上，待遇上，因各馆的情形不同，略有限制罢了。

第二节　交换

图书馆的书籍，非但对于阅者方面要流通；而在各图书馆方面，尤应流通。流通方法之一，就是交换书籍。大约分三种：

（一）本馆出版物，如月报年报等，与其他各图书馆各机关交换书报。

（二）重复的书本杂志等，与其他各馆交换书报。

（三）不用的书本杂志，概行变卖，而改购新出应用的书。

从前的图书馆，一本书进门，不问其价值实用如何，便老是保存起来。那里敢交换和变卖？这种死守的方法，非但有埋石之讥，而且最不经济。耗费许多金钱，时间,地位,与精力。现在的图书馆,不可不力矫此弊。

第三节　互借

　　除交换之外,各图书馆尚有互借的制度。即一地方的图书馆,因为阅者的需要得向别个图书馆借用书籍,以资流通。因为现在的出版物,汗牛充栋。各馆为经济与地方所限,不能尽量购置。因此各馆在同一个地方或同在一省,都有趋于专门化的倾向。各馆专事搜罗一科或数科,则用力少而收效多。各馆有各个的特长。但是因为有了这种互借制度,所以一地方的阅者,不为一馆的内容所限,要什么,有什么。这是何等便利! 这样,才可以说图书的流通呢。

第二十六章　图书的阅览

　　向来图书馆书籍的阅览，只是阅者的阅览。图书馆只要适应阅者的需求。他们要什么书，便借给他们，已算是尽图书馆的能事。但是现代的图书馆，对于阅览一事，已由被动的，进而为自动的。对于阅者，非但要设法引起他们的兴味，而且要切实辅助和指导他们。这样的图书馆，方才有教育的价值与意味。指导方法，可从三方面说：

第一节　馆员

　　图书馆馆员，应当直接负指导的责任。对于阅者，要和蔼可亲，带有教师而兼慈母的态度。对于图书馆的内容，和一切专门手续，非但要十分熟悉，而且对于各门科学，都要略有门径。对于社会各种事业，都要明了，而有广阔的兴味。随时观察阅者的个性，辨别各人的兴味，而加以相当的指导。阅者有什么疑难的地方，要设法辅助，力谋解决之方法。对于教育程度未足的人,要辅助增长其学识,逐渐提高其阅览的程度。所以现在的图书馆阅览室的管理员,是全馆最重要最中心的人物,方才能得阅者的信仰。和从前的图书馆馆员,只知做机械的事,除了收发书籍之外,一无所事,即大不同了。现在的图书馆里的借书处和阅览室人员,还是很多既无循循善诱的能力和学识,又无和蔼可亲的态度的。这般人于图书馆发展前途,大为障碍。各馆要注意才好。

第二节　目录

图书馆的目录,为指导阅览的唯一工具。除各种目录,应编列完善之外,还要印行各种新书目录,各科书目,以引导阅览。因为阅者的程度和兴趣的不同,编列各科书目,以适各人之用。如有人要求介绍书籍,尤应尽力代劳。其余如学者托代为搜集材料,考证典据等等,都要尽力从事。使图书馆的书籍,各方面都有充分的利用。

第三节　集会

此外还要组织演讲会,读书会,研究会,展览会等等,随时指导阅者。对于图书馆的利用,如目录的用法,书籍的分类,新书的介绍,名人演讲,各科研究,学术讨论,和戏剧表演,影片游艺等等,以引起阅者的兴味,使阅者与图书馆,发生无限的感情。馆长馆员对于阅者,除公事上之接洽外,尤贵有佣人友谊的往还。与社会上各种机关,有充分之联络。这样,图书馆在社会上,方才占有重要的位置,成为一个活的教育机关。公众出资维持,方不致有负厥职。

第二十七章　图书的参考

图书的参考,也是图书馆中一件最重要的事。但是各图书馆还是很多忽略的。不知图书馆在社会上的功用,大部分在参考方面。因为现在的图书馆,好比是社会的脑袋。图书馆内所藏的书本材料,就是供给社会上人民所用的智识。而参考一事,尤为智识之门。我以为图书馆在社会上学术上的最重大的贡献,就是有了图书馆,我们可以少用许多脑力。比如现在我要知道"各省人口的比较",若是靠脑力去记着,恐怕一辈子记不了。但是有了图书馆的参考书,那末什么都可以一查便知。比较我们自己的记忆力,正确丰富得多呢。而且现在是竞争世界,学术进化,迅倏千里。我们那里有许多时间,去读许多书,记许多事?那末我们大可以把这个责任,托付给图书馆,代为担负。图书馆能胜任与否,全在其参考事业的范围和办事人的能力如何。

第一节　参考事业

图书馆参考事业,极为繁博。兹略述如下:

(一)关于参考书和参考材料的选购与搜罗。

(二)关于参考书目与论文索引之编纂。

(三)关于参考问题之解答,与参考书籍的介绍。

(四)关于各科材料之代为搜集,各种典据之代为考证。

(五)关于小册子另件之保存,分类,与报纸新闻之剪裁。

(六)关于参考书用法之演讲与指导。

第二节　参考书

参考书的种类,如下:

(一)关于统计图表等,如各国各科统计,图表报告等。

(二)关于辞典,字典等,如各国各科辞典术语等。

(三)关于丛书类书等,如各种专门或普通丛书,而有参考的价值者。

(四)关于图画表册等,如地图火车时间表各种价目表行情表比较表等。

（五）关于指南目录等,如各地指南各业指南商店目录等。

（六）关于章程规则等,如各校章程公司及行政规例等。

（七）关于索引书目等,如杂志新闻索引,论文提要各科书目等。

（八）关于期刊年报等,如各机关之报告,各地方之图志、统计,各国各科统计等。

（九）关于各科大纲,如日用百科全书,应用文件格式,各种宝鉴等。

（十）关于小册子另件剪裁等,如有关于某科或某事之片纸只字,足以参考的,无不分类保存,以便查考。

第二十八章　图书的修理

　　图书馆馆员对待图书,要像在家对待自己的小孩子一样。要小心地照料,勤勤地检点。随时要多修理,用时更要小心。每年在经常费内,要划出一部分,专为修理改装之用。在大图书馆里,应另设装钉修理部。在小图书馆,也要有专员负责。至于修理和装钉,原是专门的技术,这里不能详述。且把装钉的总类和标准,说一说:

第一节　修理

　　(一)部分的修理
　　　(一)书页的损破或虫蛀。
　　　(二)书页的脱落或脱线。
　　　(三)文字的涂改或损污。
　　　(四)书标书袋书卡的遗失或损污。
　　(二)全部的改装
　　　(一)已满一年或半年的杂志。

（二）可以合并装钉的新书。

（三）书壳脱落之旧书。

（四）大半页数已脱落之旧书。

（五）书页有倒装或须添加页数之新旧书。

第二节　标准

欲考查一书的装钉完善否，须注意以下各点：

（一）放在桌上要平服，立在架上要竖直。

（二）翻阅时要便利，各页能摊平不翘。

（三）拿在手上要觉得轻松而紧实。

（四）钉线要紧牢，钉口要圆小。

（五）用线用胶，份量得宜。胶太少则易脱落，太多则脆裂。线太少则不牢，太多则脊厚。

（六）书壳与书身，要用布条贴紧。

（七）书页要切得正齐，天地头版边要宽大。

（八）每书至少要能借出一百次而不坏。

第二十九章　图书的撤消

图书馆的书籍，保存还来不及，为什么要撤消呢？这种论调，在数年前图书馆没有发达的时候是很当然的。但是现在的图书馆，对于图书的撤消，已认为管理法中必要的事务。这大部分是根据"图书馆重在实用"的原则上来的。因为无用的书，藏了反占地位，虚耗金钱与管理员的精力。撤消的原因与种类如下：

第一节　原因

（一）重复而无用的，如教科书杂志等。

（二）太旧而有较新的出版的，如各种科学书等。

（三）改装费较多于原价的，如小说薄本等。

（四）向来没有人借阅，而没有永久存在的价值的，如小说杂书等。

（五）因为地方上所限制，而不得不把比较没有用的书撤消的。

（六）过期二三年的杂志报纸，为馆中向来毋须装钉保存的。

（七）因迁移至别部或改组的关系，而放弃所有权的。

（八）古本善本，宜送至博物院或善书部的。

（九）重复的书，其内容与前版相同，或较前版为多，而且已包括前版所有的材料的，如杂志索引等。

第二节　手续

（一）撤消的图书，应在登记簿上，注明撤消的日期原因和经手人，经馆长签字认可。

（二）另列撤消图书清册，或将登记卡抽出，另列一处备查。

（三）同时将各书目录卡抽出，注消。

（四）各书书面上注明"撤消"字样，以资识别。

（五）宜有撤消图书数目及原因的统计。

第三十章　儿童图书馆

儿童图书馆是一件最新的事业。它的发达,不过是最近五年的事。因为从前的人,以为图书馆是专供学者的研究参考的,或贵族所享用的。后来能够公开,供给一般平民享用,已是一大进步了。但是近年以来,我们知道世界上一切的事业,都要从儿童方面着手。所以图书馆也要顺着这个潮流,注意儿童图书馆的设立。

儿童图书馆的需要和目的,与其他图书馆完全不同。所以有独立设立的必要。即使附设在学校或公共图书馆的,但是管理和组织,也不能不各有分别。

儿童图书馆的目的,第一在适应儿童的需求。因为儿童的求智本能,非常发达。而他们所要的东西,往往和成人不同。所以非另设不可。第二在养成儿童的读书习惯。因为我们要有这种习惯,方才可以日后求学。若是没有这种习惯,那末一切教育的方法,都归无效。第三在养成儿童的图书馆习惯。因为有了这种习惯,才可以一生利用图书馆,以继续增广自己的学问。而这两种习惯,都要自幼养成的。所以有儿童图书馆的必要。

儿童图书馆的管理，完全建筑在儿童学的原理上。一切书籍的选择，馆内的设备和布置，出纳的手续和规则，都要适合儿童的心身，发展儿童的本能，养成他们的良好习惯。管理法中，以图书的选择，和阅览的指导为最重要。办理儿童图书馆的人，要居于教育者和慈母的地位。对于来馆阅览的儿童，要和对待永不毕业的学生一样。随时辅助他们的阅览，指导他们的选择，提高他们的程度继续他们的教育。这方不失为真正的图书馆。若是只知配了几本儿童用书，有消极的公开，无积极的指导，这有什么意义呢？

第三十一章　学校图书馆

学校图书馆的范围,在图书馆学名词上,只限于中小学校。其他专门和大学图书馆,都另当别论。因为各有不同的目的和管理方法。但是无论大中小学校的图书馆,都是学校系统上所必需的,不是可有可无的机关。无论什么学校,若是没有图书馆的设备,简直可以称为不完善的学校。这一点,是要特别注意的。

学校图书馆非但要辅助学校教育的不足,而且要与学校教育,同时并进。因为图书馆是一种独立的教育机关,前面已经说过。办理图书馆的人,也和教师一样,同时负教育儿童的责任。比如图书的选择,非但要补教科书之不足,备些课外读物和参考书籍。而且要购备学科以外的参考资料和读物,如小说文学等,以陶冶学生的感情。外交政治等,以养成爱国观念。

在管理方面,馆舍不必有独立的建筑。但须有独立的经费。馆舍的地点,要在全校的中心点。使学生知道图书馆是求智识的中心点,课堂不过是讨论研究的地方罢了。中学图书馆因为学校方面,各生担负的课程已很繁重了。所以除了必要的参考书和课外读物之外,图书馆馆员要注意问题的解答,和书本以外的工作。对于学生的职业指导等等,尤为注意。

学校图书馆的书籍,不在乎多,而重在实用。我们批评图书馆的内容,要问各书能否适合各生的需求为标准。若是拿教员和学者的眼光去批评,这是不对的。书籍数目,大约平均每人五本至十本。经常费也至少每年每人担负一元至四元。无论中小学校的图书馆,都要有固定的职员,担任管理。

第三十二章　大学图书馆

　　大学图书馆是附设于大学校的。有专科大学和普通大学两种。专供大学教授和学生的参考之用。藏书的数目，每在数十百倍于学生之数。藏书的种类，大都和大学各科有关。而尤注意于各科的历史与理论方面。一切管理的方法，较其他各种图书馆为完密。图书馆中的参考部，为全馆最重要的部分。对于各种参考书，庋藏尤富。

　　大学图书馆，每为各科参考便利起见，多设分科图书馆或研究室，以便师生就近参阅。大学生每日上课不过二三小时，其余的时间，多在图书馆自修研究。可知大学图书馆的重要了。担任大学图书馆馆长的，非但要有图书馆学专门学识，而且要在大学毕业。对于大学各科，均有门径。然后可以居于指导辅助者的地位。

　　大学图书馆的分类编目，每较别种图书馆为细密。对于各科书目批评等，尤为注意。图书目录除普通著者，书名，种类之外，宜多编分析目录及论文索引等。书库则例多公开。教授学生，可以自由在书架上翻阅。出纳手续,虽较为慎密,但限制不宜过严。除本校学生外,对于毕业生及地方上的学者,均应公开,以供参考。馆中经费除学校支拨外,并随时收受大宗捐款,及学生每年缴纳之图书馆费。全馆开支,占全校预算百分之五以上。除因经济关系外,大学图书馆应有独立的建筑物。位置在全校最中心最便利的地方。

第三十三章　专门图书馆

专门图书馆的特色,在藏书、阅者与办法三方面。专门图书馆内的书籍,每限于一科一门的专门科学。如商业,工业,医学,法律等等,而对于各该科的文字书籍,无论片纸只字,都搜罗殆尽。如附设在学校的或学会内的,对于该科的历史方面,特别注重。如附设在商店或工厂内的,对于该科的最近材料,尤为注重。阅者每限于专门学者或学校学生工厂商店的职员等,例不全部公开。馆内的办法,重参考和解答方面。这种专门的图书馆,差不多像火车站上的问讯处一样。阅者有什么疑问向图书馆询问,马上可以得到相当的答覆。

专门图书馆和大学图书馆的区别,一在注重实际方面,一在思想方面,其间虽有互相关系的地方,或互相重复的地方,但是各馆所藏的材料和所办的事,是很不同的。

专门图书馆所以和地方公共图书馆或大学图书馆分立的原因,是因为在应用上的不同。专门图书馆所做的事,有许多是其他图书馆所办不到的,或是不需要办的。比如在专门的商业图书馆内,差不多是商界的总会。他们常在那里,探听行情,调查物价。有时他们要问某公司工价若干?某工厂的工头是何人?某股票去年今日价格若干?某工团罢工的条件如何?解决的情形如何?凡此种种,在专门图书馆都有相当的资料,可以回答。而为其他图书馆所难能的。这是办法和材料的不同。其余一切分类编目出纳各种手续,也和其他图书馆不同。所以有分立的必要。而且各种专门图书馆之中,也各有不同。现在美国有专门图书馆协会的组织,将来的事业,正未可限量。在中国虽有专门藏某科的书的图书馆,但是一切办法,恐怕去真正的专门图书馆,还很远呢。

第三十四章　特殊图书馆

特殊图书馆的种类很多,有盲,哑,残废,病院,监狱,军营,水上,流动等等。至于各种纪念图书馆,也可以列入特殊图书馆之内。各种特殊图书馆,除纪念图书馆之外,对于藏书方面,大都注意在消遣和修养。藏书自数百册乃至数千册止。一切管理手续,也比较简单。但是这样简便适用的缘故,所以极易发达。以美国而论,这种特殊图书馆为数在数千以上。

特殊图书馆的所以发达,是根据现代图书馆学原理上来的。因为现在的图书馆,已成为文化上必需的工具。人之一生,无论在幼稚时代,学生时代,和办事时代;无论办什么事,都不能脱离图书馆。因此各种机关,都有附设图书馆的必要。

特殊图书馆,也有附设于其他机关的,也有是完全独立的。图书馆的经费,或由国家开支,或由私家维持,各有不同。各馆管理的人数,通常是很少的。但是以有多少图书馆的专门学识为妙。其中盲人图书馆的书籍设备,都要特制的,专供盲人之用。管理员也须有特别的训练。这种人才,在欧美各国还是很少。在中国可算完全没有。即他种特殊图书馆,现在国内,也是很少见闻的。

第三十五章　机关图书馆

机关图书馆和特殊图书馆,是很容易混乱的。特殊图书馆是对于藏书、阅者和办法而言。机关图书馆是对于该馆所属的机关而言。特殊图书馆是可以独立的,而机关图书馆是没有独立的。比如教育会,各种学术团体,行政机关,政党,会社所附设的图书馆,都可以称为机关图书馆。

机关图书馆设立的历史,是很久远的。因为无论什么机关,总有多少书籍和印刷品。不过向来是没有组织的,所以不能称之为图书馆。现在各机关也知道图书馆的重要了,所以纷纷设立。而且这种图书馆的规模,大都是很小的。所以设立起来,远不是很难。

大凡机关图书馆,都有三个切要的问题:(一)有适当的图书;(二)有适当的地点;(三)有适当的管理员。其中以第三项,最为重要,最为难得。

据一九一六年美国图书馆协会机关图书馆委员会的讨论,认定有二点是应当特别注意的:(一)各机关应有一定的房间,放置图书,便于阅览和借用。(二)图书馆是一个独立的部分,一切经费人才,都要有相当的支配。这一点,是很重要的。因为向来各机关,都以图书馆为可有可无的部分。或属于庶务,或属于宣传等科。没有专员管理,没有一定的经费,所以馆同虚设。

凡事都是相因而至的。因为各机关不注意图书馆,所以图书馆办得不好。因为图书馆办得不好失其效用,所以各机关,都不注意它。况且各种机关,很多是有名无实的。除了一块招牌之外,别无长物。所以根本没有设立图书馆的可能,我们又何必过事苛求呢。

第三十六章　公共图书馆

公共图书馆,有国立,省立,县立,市立,乡立,村立之分。但是在图书馆学专门名词上,公共图书馆只限于省立以下各馆。其余国立图书馆,虽然也是公共的,但是因为它的规模宏大,内容丰富,一切组织管理都不相同,所以不能与一般公共图书馆,相提并论。大概国立图书馆主于浩博,其他公共图书馆主于实用。

公共图书馆的成立,要合于以下两大原则:(一)书籍须全部公开。对于阅者不论年纪,不论阶级,都可以到馆阅览。除卫生上,法律上的关系外,绝对不能有所限制。(二)所有书籍,除一部分贵重和参考书籍之外,例得借出馆外。对于借书人,除人格上的关系外,如有相当保证或介绍的,都可以向馆中借书,不得限制。这两条原则,若是拿来绳诸我国之所谓公共图书馆,恐怕很少合格的呢。

公共图书馆在社会上,占很重要的位置,与公共学校并驾齐驱。又为办事上及阅览人的便利起见,每馆多设分馆和附设机关图书馆,巡回文库等,以普及图书馆的利益。前面在行政一章内,已经说过。

公共图书馆的经费,例由公家维持,或由国库省库支拨,或抽特别税赋。除公费之外,又得收受大宗捐款,添置图书及推广馆务。

第三十七章　私立图书馆

私立图书馆是就图书馆经费的来源而言。有个人私立与团体私立两种。至于公开与不公开是没有多大关系的。因为现在的私立图书馆，大多数是公开的。书籍原是天下之公器，不能视为秘藏。不过因为管理上和地方上的关系，不得不有所限制罢了。

私立图书馆也有专门的，也有特殊的。藏书内容，以私人的好恶，或团体所办的事业为转移。大概个人私藏，每重一门一科的搜罗，或古本善本的探访。团体私立的图书馆，也有和普通图书馆一样的。其他一切分类编目等手续，比较公共图书馆来得简单。

个人私立的图书馆，现在已是很少了。因为个人的图书，很难永久保存。个人生存的时候，因为办事上和研究上的便利起见，故有私立图书馆的必要。到了年老或死后的时候，已经没有这种需要，所以个人的图书，已归无用。至于后世子孙，对于现有的书籍，也未必需用。若是子孙不肖，反有散失之虞。所以现在个人的藏书，每多移赠公共图书馆，以期永久保存，公诸同好。或有因经济的关系，转售与公共图书馆，也原未可厚非。至于以书籍遗存子孙的，已是不多觏了。

　　能以个人藏书公诸同好的，在国内还是很少。但希望国内的藏书家，对于身后的书籍，好好地处置。不要自己辜负了生平搜罗的精力。

　　私立图书馆，由私人出资开办维持，而完全公开和公共图书馆一样的，除机关图书馆之外，却还很少。大都是由私人创办，公家维持。或由公私合办，以垂永久。至于团体私立的，大都是由团体私自出资开办与维持，不由公家辅助的。

第三十八章　文　　库

　　文库的种类很多,有巡回文库,家庭文库,儿童文库,学级文库,学校文库,会社文库,工厂文库,寺院文库,图书寄留所,图书出纳处等等。除最后一种外,各种文库都有以下各特点:(一)文库类多附设于公共或学校机关图书馆,很少完全独立的。(二)书籍用箱子装好,分送各地,以便阅者随时随地借阅。(三)各箱书籍,根据阅者的需求,每箱约五十至一百册。在一定的期间内,轮流更换。(四)各箱书籍,在陆路上用人力或车力转运。在水上,用船只转运。(五)文库内的书,大都是公开阅览,和就地可以出借的。借出的手续,与公共图书馆一样。(六)文库的管理员,或由公共图书馆派员随库掌理。或托学校工厂,或家庭的主妇,和机关人员代理。代理的人,于必要时,得酌领薪水或津贴。

　　图书出纳处,是一种公共图书馆附设的机关。该处并无书籍留存,只是代理书籍出纳的事。阅者要看什么书,因为离开图书馆太远了,可以把书名告诉出纳处的人,代向总馆领取。还书的时候,也可以向该处交还,不必亲自到馆。即使由别处借来的书,也可以向该处交还。这种办法,至为便利。

第三十九章　图书馆协会

图书馆协会,在美国已有五十年的历史。在英、日诸国,也有二三十年之久。因为图书馆学已成为专门科学之一,办理图书馆的人,有联络与互助研究的必要。协会的种类组织,略述如下:

第一节　种类

(一)万国图书馆协会,由各国图书馆界人员组织之。

(二)全国图书馆协会,由全国图书馆界人员组织之。

(三)地方图书馆协会,由一地方的图书馆界人员组织之。有省会,市会,县会之别。

(四)学校图书馆协会,由各学校图书馆馆员组织之。

(五)大学图书馆协会,由各大学图书馆馆员组织之。

(六)专门图书馆协会,由各专门图书馆馆员组织之。

(七)特殊图书馆协会,由各特殊图书馆馆员组织之。

(八)书目学会,由书目学或版目学者组织之。

第二节　宗旨

（一）图书馆之联络与互助。

（二）图书馆学术之研究。

（三）图书馆事业之改进。

（四）图书馆事业之发展。

第三节　事业

（一）讨论及研究图书馆之管理方法及各种制度。

（二）实行图书之互借及交换制度。

（三）介绍阅览。

（四）选择及购订图书之合作。

（五）调查图书馆状况，以谋改进之法。

（六）辅助及指导新创立的图书馆。

（七）轮流参观及研究。

（八）发刊图书目录，介绍新旧书籍。

（九）发行图书馆学报，以研究及讨论图书馆问题，流通图书馆消息。

（十）发刊各图书馆总目录及各种汇报。

（十一）各馆杂志索引之汇编。

（十二）设立图书馆学图书馆。

（十三）介绍图书馆人才。

（十四）设立图书馆讲习会。

（十五）聘请名人演讲。

（十六）鼓吹图书馆事业。

（十七）举行各种展览会。

（十八）普及图书馆运动。

（十九）提倡读书运动。

（二十）其他关于图书馆及出版事业的事。

第四节　组织

图书馆协会的组织,或采委员制,或采会长制。会员以图书馆职员,及对于有研究图书馆兴味的为限。会内得分设各部,如庶务,文书,会计,交际,调查,出版,编辑,宣传各部。又得设分委员会,如书目委员会,选购委员会,设备委员会,指导委员会等等,以利进行。至于开会的方式,和行政的手续,和其他学术机关团体一样,不必详论。

第四十章　图书馆学书目

第一节　中文(以已出版之单行本为限)

(一)王云五　《中外图书统一分类法》。商务,一元。

(二)王云五　《四角号码检字法》。商务,民十五,非卖品。

(三)中华图书馆协会　《图书馆学季刊》。北平国立北平图书馆。每年四期,一元六角。

(四)中华图书馆协会　《会报》。该会,每年十期,无定价。

(五)朱元善　《图书馆管理法》。商务,见《教育丛书》第三集。

(六)沈祖荣、胡庆生　《仿杜威书目十进法》。文华大学,民十一,二角。

(七)杜定友　《推广广东全省学校图书馆计划》。广东教育委员会,民十一,非卖品。

(八)杜定友　《著者号码编制法》。上海图书馆协会,民十四,三角。

（九）杜定友　《图书馆通论》。商务,民十五,二角五分。

（十）杜定友　《图书分类法》。上海图书馆协会,民十五,一元六角八分。

（十一）杜定友　《图书目录学》。商务,民十六,四角。

（十二）杜定友　《图书选择法》。商务,民十五,二角五分。

（十三）杜定友　《汉字排字法》。上海图书馆协会,民十四,二角。

（十四）洪有丰　《图书馆组织与管理》。商务,民十五,一元四角。

（十五）查修　《杜威书目十类法补编》。清华,民十三,非卖品。

（十六）高尔松　《阅览室概论》。新文化社,民十四,二角。

（十七）桂质柏　《杜威书目十类法》。齐鲁大学,民十四,七角。

（十八）陈逸译　《儿童图书馆之研究》。商务,民十三,三角。

（十九）杨昭悊　《图书馆学》。商务,民十二,一元二角。

（二十）蔡莹　《图书馆简说》。中华,民十一,一角五分。

（二十一）通俗教育馆 《图书馆小识》。北京,该馆,民六,三角。

（二十二）广东教育委员会图书馆管理员养成所《报告》。该所,民十一,非卖品。

（二十三）穆耀枢 《改良中国图书馆管见》。成都通俗教育馆,民十五,非卖品。

（二十四）穆耀枢 《图书馆与大学生》。同上。

（二十五）戴志骞辑 《图书馆学术研究号》。见教育丛刊第三卷第六期。

（二十六）顾实 《图书馆指南》。医学书局,民七,九角。

第二节 西文

1. The Book List ·················· 每年十期 ＄5.00
《图书月刊》 每月出版之新书由美国图书馆协会择其上乘撰为提要,以便各馆选购。

2. Books for the High Rehool Library ·········· 4.35
《中学图书馆必备书目》 经图书选购委员会选定。

3. Bostwick：American Public Library ··········· 7.50
《美国公共图书馆》 为研究图书馆行政及管理最

精要最新出版之书。

4. Briggs：A. L. A. List of Subject Headings … 7.50
《标题类名表》 编目法中万不可少之参考书,盖
每书所用之类名标题均宜采取于是。

5. Catalog Rules …………………………… 2.50
《编目规则》 由英、美目录联合委员会议定,各馆
视为蓝本。

6. Certain：Standard Library Organization and Equip-
ment for Secondary School ………………… 1.00
《中学图书馆标准组织与用具》 关于各级中学图
书馆之经费、书籍、设备、组织等,均详定标准,以
便各馆比较,以谋改进。小学及公共图书馆亦可
参考。

7. Detriot Pub. Lib. One Thousand Useful Books
…………………………………… 2.50
《一千本有用的书》 内有提要评语,以便选购。

8. Dewey：Abridged Decimal Classification …… 8.13
《十分分类法节本》 小图书馆参考之用。

9. Eaton：School Library Service ……………… 0.88
《学校图书馆事业》 详述学校图书馆与学校之关
系及管理方法,以求双方收效。

10. Fay and Eaton：Instruction in the Use of Books and
Libraries …………………………… 8.15

《图书及图书馆使用法》 馆员当据此以训练阅者,俾明了图书馆之内容及其使用方法,以增进学识。

《儿童文学书目》 按年龄编制,选定儿童文学书籍,每级若干,以供图书馆及教员之用。

《图书馆事业与儿童》 详述儿童教育与图书馆之关系及实施方法。

《小图书馆编目法》 详述各种书籍之编目法及举例。

《图书馆半月刊》 为图书馆杂志最先发行者。

《公共图书馆建筑法》 说明图书馆建筑之原则及趋势,并附以图样照片。

《图书馆学丛书》 每种讨论图书馆学问题一种。

《参考书指南》 选择图书馆应购之各科参考书,

附以提要及说明各书用法。